AF391055

CATALOGUE

DE

TABLEAUX ANCIENS

DES ÉCOLES

Flamande, Hollandaise, Française & Italienne

MINIATURES, DESSINS

Objets d'art & de curiosité

TELS QUE

Armes anciennes, Ivoires et Bois sculptés, Bronzes et Dorures, Porcelaines
Faïences, Verrerie de Bohème, Vases étrusques, Marbres
et Curiosités diverses

LIVRES SUR LES ARTS ET SUR LA RÉVOLUTION

Collection des Portraits des Députés de l'Assemblée nationale de 1789

PUBLIÉE PAR DEJABIN

COLLECTION DE JOURNAUX DE 1848

Le tout composant la collection de M. de L***

DONT LA VENTE AURA LIEU

HOTEL DES COMMISSAIRES-PRISEURS

RUE DROUOT, 5

SALLE N° 3, AU PREMIER ÉTAGE

Les lundi 17 et mardi 18 mars 1862, à une heure

Par le ministère de Mᵉ **DELBERGUE-CORMONT**, Cʳᵉ-Priseur
rue de Provence, 8,

Assisté de M. **DHIOS**, Expert, 33, rue Le Peletier,

Chez lesquels se distribue le Catalogue.

EXPOSITION PUBLIQUE

Le Dimanche 16 Mars 1862, de midi à cinq heures.

—

1862

RENOU & MAULDE

IMPRIMEURS DE LA COMPAGNIE DES COMMISSAIRES-PRISEURS

Rue de Rivoli, 144.

CATALOGUE

DE

TABLEAUX ANCIENS

DES ÉCOLES

Flamande, Hollandaise, Française & Italienne

MINIATURES, DESSINS

Objets d'art & de curiosité

TELS QUE

Armes anciennes, Ivoires et Bois sculptés, Bronzes et Dorures, Porcelaines
Faïences, Verrerie de Bohême, Vases étrusques, Marbres
et Curiosités diverses

LIVRES SUR LES ARTS ET SUR LA RÉVOLUTION

Collection des Portraits des Députés de l'Assemblée nationale de 1789

PUBLIÉE PAR DEJABIN

COLLECTION DE JOURNAUX DE 1848

Le tout composant la collection de M. de L***

DONT LA VENTE AURA LIEU

HOTEL DES COMMISSAIRES-PRISEURS

RUE DROUOT, 5

SALLE N° 3, AU PREMIER ÉTAGE

Le lundi 17 et mardi 18 mars 1862, à une heure

Par le ministère de Mᵉ **DELBERGUE-CORMONT**, Cʳᵉ-Priseur
rue de Provence, 8,

Assisté de M. **DHIOS**, Expert, 33, rue Le Peletier,

Chez lesquels se distribue le Catalogue.

EXPOSITION PUBLIQUE

Le Dimanche 16 Mars 1862, de midi à cinq heures.

—

1862

CONDITIONS DE LA VENTE

Elle sera faite au comptant.

Les acquéreurs paieront en sus des adjudications, CINQ pour CENT, applicables aux frais.

DES TABLEAUX

ALBANE.

1 — La toilette de Vénus.

ALBANE.

2 — Allégorie de la Charité, représentée par une
femme entourée de trois enfants.

ALBANE.

3 — Le Sommeil d'Antiope.

DU MÊME.

4 — Danaë. (Pendant du précédent.)

ALLARD (Mme).

5 — Le Chien et le Paon.

ARTOIS (Van).

6 — Paysage animé de figures.

AUBRY.

7 — La Correction maternelle. (Esquisse.)

BARROCHE.

8 — L'Annonciation.

BASSAN.

9 — La Nativité.

BÉGA (C.).

10 — Intérieur flamand.

BOUCHER (F.).

11 — La Marchande d'œufs.

BOURGUIGNON.

12 — Bataille.

BRUANDET.

13 — Paysage.

CARRACHE (A.).

14 — Sainte Madeleine au tombeau du Christ. (Cuivre ovale.)

CARAVAGE.

15 — Descente de croix.

COENE.

16 — Le galant Villageois.

COYPEL (Nicolas).

17 — Danaë ou la pluie d'or.

DEMARNE (École de).

18 — Paysage avec charriot et figures.

DEMAY.

19 — Paysages ornés de figures. (**2 pendants.**)

DETROY.

20 — Jeune femme prenant le thé.

DU MÊME.

21 — Le Message.

DE TROY.

22 — Portrait du grand Dauphin.

DIÉTRICH.

23 — Suzanne et les Vieillards.

DYCK (Van).

24 — La Vierge tenant l'Enfant Jésus dans ses bras.

ECKOUT (Van).

25 — Joseph en prison.

ELSEIMER.

26 — L'Adoration des Mages.

DU MÊME.

27 — La Fuite en Egypte. (Pendant du précédent.)

DU MÊME.

28 — Deux petits Paysages.

FRANCK.

29 — Le portement de Croix.

GREUZE.

30 — La Cruche cassée. (Charmante esquisse.)

GREUZE (École de).

31 — Tête de jeune Fille

DU MÊME.

32 — Deux jeunes Filles dont l'une joue de la guitare.

GROS.

33 — Étude d'un Pestiféré,

GUÉRIN.

34 — Étude de la tête d'Hippolyte. (Esquisse.)

GUIDO RÉNI.

35 — Buste de la Sainte Vierge.

HUET (J.-B.).

36 — Paysage avec Moulin.

DU MÊME.

37 — Le Coq et la Perle.

HUYSMANS.

38 — Paysages avec figures et bestiaux. (2 pendants.)

LAURENT.

39 — Bouquet de fleurs dans une Corbeille.

LAURENT DE LA HYRE.

40 — Jésus et la Samaritaine.

LEBRUN (Ch).

41 — La mort d'Achille.

LEDIEU (Ph.).

42 — Chasse aux Canards.

LEMOYNE (F.).

43 — Apothéose d'un Saint. (Jolie esquisse.)

LOIR (N.).

44 — Le Christ descendu de la Croix.

LACROIX.

45 — Marine.

MIGNARD (École de).

46 — La Madeleine.

MORALLÈS.

47 — Le Christ couronné d'épines.

MURILLO.

48 — Les Joueurs de cartes.

MURILLO (École de).

49 — Tête de jeune Garçon.

NETTCHER (Gaspard).

50 — Portrait d'une dame de la cour de Louis XIV.

PETIT (J. 1835.)

51 — Femme avec un chien à l'entrée d'un parc.

POELEMBURG (Genre de).

52 — Paysage avec enfants.

POUSSIN (Nicolas).

53 — L'Adoration des Bergers. (Esquisse.)

POUSSIN (Attribué à).

54 — Jésus guérissant les Pestiférés. (Esquisse.)

DU MÊME.

55 — Bacchanale.

PRIMATICE.

56 — Portrait de jeune Femme.

PRUD'HON (Genre de).

57 — Tête de jeune Fille.

RAPHAEL (D'après).

58 — La Vierge au voile. (Peinture sur porcelaine.)

RESTOUT.

59 — Saint Paul.

RIBÉRA.

60 — Rébecca à la fontaine.

DU MÊME.

61 — Martyre de Saint-Pierre.

ROBERT (H.)

62 — Chien griffon.

DU MÊME.

63 — Troupeau à l'abreuvoir.

DU MÊME.

64 — Le muletier.

ROSALBA (Carriéra de).

65 — Son Portrait. Pastel.

ROTTENNHAMER.

66 — Descente de croix.

RUBENS.

67 — Études de deux têtes de vieilles femmes.

RUBENS (Composition de).

68 — Le Jugement de Salomon.

SASSO FERRATO.

69 — Buste de la Vierge.

SCHIDONE.

70 — Sainte Famille.

SENAVE.

71 — Deux Intérieurs de villageois (Deux pendants.)

STRY (Van).

72 — Étude de vaches.

TAUNAY.

73 — Intérieur de corps de garde, où l'on voit plusieurs soldats attablés et deux jeunes femmes, dont une joue de la guitare.

TENIERS.

74 — Le Joueur de guitare.

DU MÊME.

75 — Paysage avec villageois.

VELASQUEZ.

76 — Portrait de l'artiste. (Esquisse.)

VERNET (Joseph).

77 — Marine. Clair de lune.

WOUVERMANS (Pierre).

78 — Le Maréchal-ferrant.

ZAFT LEEVEN.

79 — Deux petits paysages ornés de figures.

ZORG.

80 — Intérieur flamand.

ÉCOLE FRANÇAISE.

81 — Sainte Cécile.

82 — Portrait de femme. Pastel.

83 — Buste de jeune fille.

84 — Scène de naufrage.

85 — Portrait d'un Maréchal de France.

ÉCOLE FLAMANDE.

86 — Le Galant Buveur.

87 — La Madeleine.

88 — Femme tenant un verre et une mandoline.

ÉCOLE ITALIENNE.

89 — La Vierge, les mains jointes.

90 — La Vierge et l'Enfant Jésus.

91 — La Madeleine.

92 — L'Annonciation.

93 — La Nativité.

94 — Port de mer.

ÉCOLE DE PARME. .

95 — La Sainte Famille entourée d'anges. (Esquisse.)

96 — La Vierge et l'Enfant Jésus.

ÉCOLE ESPAGNOLE.

97 — Saint Pierre martyre.

98 — La Mort de Moïse.

99 — Apparition à des bergers. (Deux pendants.)

ÉCOLE ALLEMANDE.

100 — Le Cénacle.

ÉCOLE MODERNE.

101 — Marines ovales. (Deux pendants.)

102 — Études prises en Suisse.

103 — Dessous de bois. (Étude.)

104 — Épisode de la retraite de Russie.

105 — Étude de paysage.

INCONNUS.

106 — Tête d'un moine.

107 — Tête d'un saint.

108 — La Vierge, Jésus et saint Jean.

INCONNU.

109 — Moine en méditation près d'une grotte.

110 — Vierge et l'Enfant.

MINIATURES

FRAGONARD (Esquisses de).

111 — Le Baiser. Miniature. (Ronde.)

112 — Le Tête à Tête. Miniature. (Ronde.)

113 — Portrait d'homme. (Médaillon rond sur émail.)

114 — Moïse et Mahomet. (Médaillons ovales sur ivoire.)

DESSINS

ROBERT (H.)

115 — Intérieur d'un temple grec.

BOILLY.

116 — Les Amants surpris.

ÉCOLE FRANÇAISE.

117 — Triomphe de Bacchus.

OBJETS D'ART & DE CURIOSITÉ

118 — **Armes anciennes**. — Fusil à rouet orné de marqueterie d'ivoire ; plusieurs paires de Pistolets ornés de ciselures et d'incrustations d'argent ; Pistolets de combat et de salon ; Sabres orientaux, damas et autres ; Poignards, Couteaux de chasse, Crics Malais, Épées, Dagues ; Poires à poudre et armes diverses.

119 — **Ivoires sculptés**. — Un beau Christ dans son cadre en bois sculpté ; Statuettes de la Vierge et l'Enfant Jésus, de Saints et figures allégoriques ; Cachet, Poire à poudre, etc.

120 — **Bois sculptés**. — Plusieurs Christ ; Rappe à tabac ; Statuette, cadres et autres pièces sculptées.

121 — **Bronzes et dorures**. — Pendules ; Vases ; Candélabres ; Appliques ; Lustre ; Tombeau de Napoléon Ier, réduction de celui trouvé à Sainte-Hélène ; Statuettes équestres et figurines ; Bas-reliefs en cuivre ciselé, repoussé et doré ; Bénitiers ; Coupes ; Presse-papiers ; les Chevaux de Marly, réduction ancienne ; un Rouet ayant appartenu à Mme Élisabeth, sœur de Louis XVI ; Tryptiques ; Montres anciennes ; Mortiers ; Vases ; etc. ; Bronzes divers ; Médailles et Monnaies.

122 — Porcelaines et faïences anciennes. — Vases ; Compotiers : Sucriers ; Assiettes ; Plats ; Tasses ; Plateaux en Chine, Japon et Saxe ; Faïences de Rouen, Palissy et fabriques allemandes ; Grès de Flandre.

123 — Verrerie de Bohème. — Verres à couvercle ; Verre d'eau ; grands Flacons ; Buires, etc. ; quelques pièces en Verrerie de Venise.

124 — Curiosités diverses. — Très-jolie Pendule en marqueterie de Boule, forme lyre, époque Louis XIII ; Consoles ; Miroir ; Canapés Louis XV ; Étagères en marqueterie ; Vases étrusques. Boîtes à thé en émail de Chine ; Coffret garni de cuivres repoussés ; Statuette en marbre ; Saint-Georges attribué au Donatello ; Bas-relief en marbre ; Voltaire, par *Houdon* ; Curiosités et objets d'art divers.

125 — Gravures. Livres et figures sur les arts et la révolution de 1793. — Collection de Portraits des députés à l'Assemblée Nationale, publiée par *Dejabin*, composée de 679 Portraits. La Caricature, par Philippon, depuis le nᵒ 1 jusqu'au nᵒ 524. Collection de journaux de 1848. Livres sur la Révolution de 1793.

Renou et Maulde, imprimeur de la Compagnie des Commissaires-Priseurs, rue de Rivoli, 144.   10238